En este artículo un poco más extenso que de lo normal voy a desarrollar los puntos 9, 9.1, 9.2 y 9.3 de libro que escribí desmontando la élite manifiesto por la libertad verdadera donde expongo un sistema alternativo al capitalismo y que poco tiene que ver con los comunismos tal y como los hemos conocido.

El sistema es un comunismo 2.0 sin líderes de la revolución y utilizando la tecnología para repartir la riqueza ( todo lo que se produce) eliminando el dinero y legislando entre tod@s mediante una app de referéndums constantes, eliminando la obsolescencia programada para a la larga trabajar menos horas y guiando a la sociedad mediante estudios he investigaciones sin intereses económicos de por medio.

Igualdad real para todos y todas.

¿Por qué eliminar el dinero?

El sistema capitalista se basa en el dinero, en la creación del dinero y en la lucha de las empresas y las personas por hacerse con él y en el que muy pocas personas consiguen alcanzar la riqueza y la abundancia ( que a nadie le desagrada ) pero genera una enorme desigualdad y el sufrimiento de casi el 99% de la humanidad que ve como vive ese 1% más rico y que sufre por no tener acceso en muchos casos a las cosas más básicas como la vivienda , la sanidad , la educación o el agua potable.

También como el capitalismo se basa en el dinero y en el libre mercado hay personas muy avispadas y históricamente en su familia con mucho poder que se hacen con grandes cantidades de dinero y todo este dinero y este poder lo utilizan para sus intereses personales , no para los del bien común comprando medios de comunicación, políticos y en definitiva haciendo del mundo un lugar en el que "4" personas deciden cómo van a vivir 8.000 millones y a la vista está que no piensan en nosotros o en nuestro bien , piensan que tienen que hacer para que no se les joda el negocio , manipulando a la gente y dividiendo y polarizando a la sociedad para que no se una en una revolución contra ellos.

Ni siquiera en un comunismo real cabe el dinero puesto que sería el capitalismo de los líderes de la revolución. En un comunismo caben las manzanas , las peras , las lechugas , los tomates , la ropa , incluso los móviles pero no el dinero.

Por eso en mi sistema planteo crear un sistema informático que distribuya todo lo que se produce a partes iguales entre todos  sustituyendo así al dinero y a las personas con gran cantidad de dinero y de poder.

Este sistema informático tendría en cuenta la producción mundial de cada producto y el consumo de cada individuo de ese producto.

Sería una inteligencia artificial la que mediante una app y una tarjeta iría soltandote productos que quieres consumir y el límite estaría en cuántos productos iguales consume el resto de personas además que tú.

Habría que volcar en el sistema toda la producción y el sistema también debería organizar los movimientos de mercancía y importaciónes y exportaciones teniendo en cuenta que cantidad de cada cosa que se consume habitualmente en casa territorio gestionando todo de una forma eficiente siendo el consumo de cercanía el que premie.

Si por ejemplo el sistema dice que tú te puedes tomar 50 cervezas al mes es porque tiene en cuenta la producción de cerveza de ese año y la cantidad de cervezas que consume el resto de la población y si tú quieres tomar más cervezas no puedes porque sencillamente le estarías quitando las cervezas a otra persona y en este sistema hemos hablado de ser tod@s iguales.

Sería un sistema de inteligencia artificial complicado de crear pero posible en 2023.

Este sistema incluso podría determinar que cultivos habría que poner teniendo en cuenta la demanda de productos habituales o las nuevas tendencias pero en este sistema nadie saldría beneficiado por la compraventa de productos haciéndose millonario sino que serían las cosas tal y como son, una manzana es una manzana, no 1 € , 10% de impuestos y 20% de beneficio para el que te la vende.

Una manzana es lo que necesito y el sistema si me corresponde me lo otorga, estamos tod@s obligados a trabajar pero tenemos cubiertas nuestras necesidades básicas.

En el sistema capitalista si no tienes dinero ni siquiera puedes comer.

¿Por qué sin líderes de la revolución? Porque mediante una app de referndums constantes legislamos entre tod@s.

Tu puedes crear una propuesta legislativa tanto a nivel de barrio , de ciudad , de comunidad autónoma, de estado , europea o mundial y está

propuesta pasa un filtro si se comparte o se le da muchos likes en relación a la gente que la tiene que votar , por ejemplo: si yo creo una propuesta para mí barrio : la txantrea porque hay una señal de tráfico que está mal puesta en un lado de la calle donde ningún conductor la ve y muchos  los vehículos se meten en dirección contraria pues yo puedo crear una propuesta para cambiar la señal de sitio , si está propuesta se le da muchos likes o se comparte muchas veces en relación a la gente que la tiene que votar,( los habitantes de la txantrea ) mediante un algoritmo que determine que hay interés por esa propuesta pasaría al menú votación y la gente de la txantrea la votaría con un si , o un no.
Si sale si la propuesta se trasladaría desde la app al ayuntamiento siendo los funcionarios quien ejecuten esa propuesta pero no sería el alcalde el que haya decidido el cambio de señal sino los habitantes de la txantrea que son realmente a los que les incumbe que esa señal esté bien puesta.

En este sistema si no queremos que el alcalde o el presidente o el líder de la revolución haga su trabajo ( todos sabemos que existe la corrupción ,) debemos hacer entre todos el trabajo del alcalde por lo que en este sistema deberíamos estar tod@s obligados a por ejemplo votar todas las propuestas legislativas que nos incumben por el territorio en el que es  llevándonos quizás una hora al día .

Está claro que el que algo quiere algo le cuesta y en cambio si eliminamos la obsolescencia programada y los ingenieros diseñan los productos para durar trabajaríamos a la larga muchas menos horas puesto que habría que producir menos productos.

En este sistema no tienen cabida los medios de comunicación por su alta capacidad de influencia en las decisiones que toma la gente para votar en la app de referndums pero si tendría cabida una red social sin censura y sin bots ,( solo podrías crear una cuenta con tu DNI ) y está red social podría servirte para informarte además podría ser una red social en la que entre tod@s califiquemos cada publicación como bulo o real.

Por ejemplo si yo quiero publicar una noticia de algo que ha pasado en mi barrio la red social puede tomar la ubicación desde donde se ha sacado la foto para completar está noticia y puede saber qué yo realmente he estado ahí cuando pasó eso . Además el resto de usuarios pueden darle veracidad a la noticia o facke news siendo cada publicación que te ponga por ejemplo,80% real teniendo en cuenta lo que cada usuario que ha visto la noticia ha determinado sobre esta y teniendo en cuenta con la hora de los hechos y la ubicación de cada usuario que ha calificado la noticia su ubicación.

Otro aspecto importante a tener en cuenta es como se organiza el trabajo. Habría que crear un organismo que gestione los puestos de trabajo en cada territorio y si por ejemplo una persona quiere cambiar de puesto de empleo tendría que entrar en un sorteo para que se le adjudique un nuevo puesto. Las rotaciones de empleo podrían estar permitidas por ejemplo cada 3 años y los empleos más sacrificados e importantes como el ganadero o agrario debería hacerse prácticamente entre todos pero por pocas horas . Por ejemplo cada persona de cada comunidad autónoma le toque ir a trabajar al campo una semana al año.

Habría que hacer un esfuerzo por mantener los oficios premiando a los jóvenes que quieran aprender un oficio de alguna manera y a los maestros de oficio por enseñar a los jóvenes también puesto que junto con la ganadería, pesca y agricultura son las profesiones más importantes.

En fin esto a grandes rasgos es el sistema que planteo y que llegado el momento de desarrollarlo habría muchas cosas que mejorar o aprender pero si en

algún momento nos ponemos a ello seguro que será mejor que vivir en la jungla salvaje del capitalismo más cruel. Más abajo tienes un link sobre una conversación que tuve con chat gpt para que me diese su opinión sobre este sistema y me dijera también que pasos habría que dar para llegar a el y me dio las claves para hacer un proceso hacia este sistema a nivel mundial muy sensatas.
Podréis creer que a la élite no le interesaría en ningún caso llegar a este sistema pero tiene varias cualidades por la que si la gente de la élite es un poco sensata si le puede interesar y son estas:
1- El mundo viviría una estabilidad excepcional.
2- Reinaría la paz en el mundo.
3- Respetaríamos el medio ambiente y todos los ecosistemas sin necesidad de eliminar población que es lo que tienen planteado ahora.
4- Perderían su poder pero a cambio ganarían en tranquilidad y nadie tendría

más ni menos poder que ellos. No pierden el poder para que lo coja otro si no que se equiparán a los demás pero nadie les supera.

## Desarrollo del Comunismo 2.0: Aspectos Técnicos y Sociales

# 1. Introducción

El Comunismo 2.0 es un sistema alternativo al capitalismo que busca la igualdad real sin líderes revolucionarios, utilizando la tecnología para distribuir la riqueza de manera equitativa. Se fundamenta en la eliminación del dinero, la gestión de recursos mediante inteligencia artificial y la toma de decisiones colectivas a través de una aplicación de referéndums constantes. Además, se basa en la eliminación de la obsolescencia programada y la organización laboral eficiente para reducir las horas de trabajo.

## 2. Eliminación del Dinero y Distribución de Bienes

El dinero es el pilar del sistema capitalista, causando desigualdad extrema y concentración del poder en pocas manos. En el Comunismo 2.0, se eliminaría el dinero y se reemplazaría por un sistema informático de distribución de bienes basado en inteligencia artificial. Este sistema consideraría la producción mundial de cada producto y su consumo por individuo para garantizar una distribución equitativa.

Cada persona tendría una aplicación y una tarjeta que le permitiría acceder a los bienes según su disponibilidad global y el consumo equitativo. Si, por ejemplo, la producción de cerveza permite 50 unidades por persona al mes, nadie podrá consumir más de ese límite sin afectar el derecho de los demás.

El sistema también gestionaría las importaciones, exportaciones y la logística, favoreciendo el consumo de cercanía para optimizar recursos.

# 3. Democracia Directa y Toma de Decisiones Colectiva

La toma de decisiones políticas y sociales se realizaría de manera colectiva mediante una aplicación de referéndums. Cualquier persona podría proponer una legislación, y si recibe suficiente apoyo (por medio de likes o compartidos), pasaría a una votación formal. Si una propuesta es aprobada, los funcionarios ejecutarían la decisión sin intervención de líderes políticos. Este sistema eliminaría la corrupción política y garantizaría que las decisiones sean tomadas por la población en su conjunto.

# 4. Producción y Reducción del Trabajo

Para reducir las horas de trabajo, se eliminaría la obsolescencia programada, diseñando productos de larga duración y fácil reparación. Además, el sistema fomentaría la producción según la demanda real, evitando el desperdicio de recursos y optimizando el trabajo humano.

Los empleos se organizarían equitativamente, permitiendo rotaciones cada 3 años y asegurando que los trabajos más sacrificados sean repartidos entre todos. Profesiones esenciales como la agricultura, ganadería y pesca serían responsabilidad de la sociedad en su conjunto, asignando turnos anuales a los ciudadanos.

# 5. Medios de Comunicación y Redes Sociales

En este sistema, los medios de comunicación tradicionales serían reemplazados por una red social sin censura y sin bots, donde cada usuario solo podría tener una cuenta validada con su DNI. Esta plataforma permitiría calificar las publicaciones como verdaderas o falsas según verificaciones colectivas y datos geolocalizados.

Esto garantizaría una información transparente y sin manipulaciones.

# 6. Beneficios para la Élite

A pesar de que la élite perdería su poder y riqueza, este sistema les proporcionaría estabilidad y tranquilidad. Algunas razones por las que podrían aceptar esta transición incluyen:

Un mundo con estabilidad excepcional.
Paz global sin conflictos por recursos.
Respeto al medio ambiente sin necesidad de reducir la población.
Pérdida del poder desigual, pero sin una nueva élite que los reemplace, garantizando equidad para todos.

# 7. Conclusión

El Comunismo 2.0 es un sistema revolucionario que busca eliminar la desigualdad a través de la tecnología, distribuyendo la riqueza de manera equitativa y tomando decisiones colectivas. Aunque su implementación requeriría una transición compleja, podría conducir a una sociedad más justa, pacífica y sostenible.

**Sistema de Inteligencia Artificial para la Distribución Equitativa de Recursos**

# 1. Introducción

Este sistema de inteligencia artificial (IA) sustituye al dinero y a las estructuras de poder económicas, asegurando que todos los bienes producidos a nivel mundial se distribuyan equitativamente entre la población.

La IA gestiona la producción, el consumo y la logística a nivel global, garantizando un reparto justo basado en las necesidades y demandas de cada individuo y comunidad.

# 2. Arquitectura del Sistema

## 2.1. Módulos principales

### Módulo de Registro de Producción

Recoge datos de todas las industrias y sectores productivos.
Estima la producción futura en base a tendencias y datos históricos.
Determina la disponibilidad real de cada producto en cada territorio.

## Módulo de Registro de Consumo

Recoge datos de consumo de cada individuo mediante una app y tarjeta personal.
Ajusta la distribución de productos según patrones de demanda.
Asegura que todos los ciudadanos reciban una parte equitativa de los bienes producidos.

## Módulo de Logística y Distribución

Coordina el transporte de bienes desde los centros de producción hasta los puntos de distribución.
Priorización del consumo de cercanía para reducir la huella ecológica.

Gestiona importaciones y exportaciones según la disponibilidad y necesidad.

## Módulo de Planificación de Producción

Determina qué cultivos y productos deben producirse en base a la demanda real.
Ajusta la producción de bienes evitando desperdicios y optimizando recursos.
Identifica nuevas tendencias de consumo y adapta la producción a ellas.

## Módulo de Equidad y Control

Supervisa que todos los individuos reciben su cuota justa de bienes.
Ajusta límites de consumo de cada producto según la disponibilidad global.

Impide el acaparamiento o el abuso del sistema.

# 3. Funcionamiento del Sistema

## Asignación de Productos

Cada individuo recibe productos según su consumo habitual y la disponibilidad total.
Si hay suficiente producción, no hay límites estrictos; si la demanda supera la oferta, se establecen restricciones equitativas.
Ejemplo: si la producción anual de cerveza permite que cada persona reciba 50 unidades al mes, esa será la cuota máxima.

## Uso de la App y Tarjeta Inteligente

Cada persona tiene acceso a una aplicación móvil o tarjeta digital.
Se usa para solicitar productos, verificar disponibilidad y gestionar el consumo.
La IA ajusta la disponibilidad en tiempo real según la demanda global.

## Trabajo y Contribución Social

Todos los ciudadanos están obligados a contribuir con trabajo en diferentes áreas.
Los trabajos son asignados según habilidades, preferencias y necesidades del sistema.
A cambio, todas las necesidades básicas (alimentos, vivienda, salud, educación) están garantizadas.

# 4. Beneficios del Sistema

**Eliminación de la desigualdad económica** : Todos tienen acceso justo a los bienes producidos.
**Reducción del desperdicio** : La IA optimiza la producción según la demanda real.
**Sostenibilidad ambiental** : Se prioriza el consumo local y la optimización de recursos.
**Fin de la especulación económica** : Los productos se valoran por su utilidad y no por su precio.

# 5. Desafíos y Consideraciones

**Implementación global** : Necesidad de una transición progresiva desde el sistema capitalista.

**Ciberseguridad** : Protección de los datos y prevención de manipulaciones.

**Educación y adaptación social** : Cambio de mentalidad sobre la propiedad y el consumo.

# 6. Conclusión

Este sistema de IA permite una distribución equitativa de los recursos, asegurando que todas las personas reciban lo necesario para vivir con dignidad. A través de la automatización y la optimización de la producción y distribución, se crea un mundo más justo y sostenible

# Introducción

El presente documento detalla el funcionamiento de una aplicación de referéndums constantes que permitirá a la ciudadanía proponer y votar leyes de forma directa, eliminando la necesidad de intermediarios políticos y garantizando una toma de decisiones colectiva y transparente.

# 1. Objetivo del Sistema

El objetivo principal es trasladar el poder legislativo directamente a los ciudadanos, permitiendo que propongan y voten leyes en distintos niveles de gobernanza:

Barrio
Ciudad
Comunidad autónoma / Región

Estado
Continente
Mundial

Una vez aprobadas, las decisiones serán ejecutadas por los funcionarios públicos correspondientes, sin intervención de alcaldes, presidentes o parlamentos.

# 2. Funcionalidades de la Aplicación

## 2.1. Propuestas Legislativas Ciudadanas

Cualquier ciudadano puede presentar una propuesta en la aplicación.
Se debe indicar la categoría (infraestructura, educación, salud, medioambiente, etc.).

Se pueden adjuntar documentos, imágenes y videos para respaldar la propuesta.

## 2.2. Algoritmo de Filtrado de Propuestas

Las propuestas pueden recibir "likes" y compartirse.
Un algoritmo evalúa la relevancia en función del número de interacciones respecto a la población afectada.
Solo las propuestas con suficiente interés pasan a la fase de votación.

## 2.3. Sistema de Votación

Las propuestas aprobadas en la fase de filtrado pasan a votación.
Solo los ciudadanos del ámbito territorial correspondiente pueden votar.

El voto es obligatorio dentro del territorio afectado.
La app asigna las votaciones diarias, estimando un tiempo de una hora al día por ciudadano.

## 2.4. Ejecución de las Propuestas Aprobadas

Una vez aprobada una propuesta, se notifica a los funcionarios responsables.
Un sistema de seguimiento informa sobre el estado de implementación.
Los funcionarios solo pueden ejecutar la medida, sin modificarla o bloquearla.

## 2.5. Transparencia y Verificación

Registro público de todas las propuestas y su estado.

Verificación de identidad para evitar fraude y manipulación.
Inteligencia artificial para detectar irregularidades y asegurar transparencia.

## 2.6. Sistema de Incentivos

Para fomentar la participación, se pueden otorgar bonificaciones fiscales o puntos de reputación ciudadana.
Se podría gamificar la experiencia con niveles y recompensas simbólicas.

## 2.7. Derecho de Veto de los Territorios Más Pequeños

En el contexto del Comunismo 2.0, con la legislación siendo responsabilidad de todos, los territorios más pequeños (barrios, pueblos, ciudades o regiones) tendrán derecho a vetar decisiones tomadas a nivel estatal, europeo o mundial.

El veto se someterá a votación dentro del territorio que lo solicita, asegurando que la comunidad local tenga la última palabra sobre normativas de niveles superiores.

También podrán ejercer veto niveles intermedios como Europa sobre decisiones mundiales o España sobre decisiones europeas.

No podrá ejercerse veto sobre decisiones que contradigan los pilares fundamentales del Comunismo 2.0.

Para evitar abusos, las IA encargadas de la distribución de recursos analizarán la viabilidad del veto y sugerirán soluciones equitativas.

Se podría implementar un sistema de mediación entre niveles de gobernanza para alcanzar consensos.

## 2.8.  La App de Referéndums: Gobernar con 1 Hora al Día y una Experiencia al Estilo TikTok

**Resumen**

En el sistema de Comunismo 2.0, donde el poder político se redistribuye al conjunto de la población, la app de referéndums permite legislar directamente sin intermediarios. Esta herramienta revolucionaria convierte la participación política diaria en un hábito sencillo, limitado a una hora al día, de lunes a jueves. Para lograrlo, la app prioriza propuestas relevantes, convierte textos legislativos en vídeos explicativos mediante inteligencia artificial y optimiza el tiempo de los usuarios sin perder profundidad ni democracia.

**1. Principios Fundamentales de la App**

Todos los ciudadanos están obligados a participar en el proceso legislativo directo. Sin embargo, esta participación está limitada en tiempo para que resulte manejable y compatible con la vida diaria. Cada usuario deberá votar únicamente durante una hora diaria, de lunes a jueves. En ese tiempo, la app le mostrará entre 15 y 25 propuestas, dependiendo de su complejidad.

La app se basa en una premisa sencilla: todas las propuestas se reciben, pero no todas se muestran de inmediato. El sistema mantiene una cola de espera que gestiona las propuestas según varios criterios para que el tiempo de visualización no supere nunca la hora asignada. De este modo, el usuario no se ve abrumado y puede cumplir fácilmente con su responsabilidad democrática.

## 2. Propuestas en Formato Legislativo y Presentación Visual

Toda propuesta debe presentarse siguiendo un formato estructurado, como si fuera un proyecto de ley formal:

Título claro
Descripción del problema que
intenta resolver
Objetivo de la propuesta
Plan de ejecución con recursos
necesarios
Impacto esperado (positivo y
negativo)
Nivel de urgencia y área de
aplicación (local, regional o global)
Duración estimada de aplicación
Redacción legislativa formal

Una vez presentada, la propuesta es
transformada por inteligencia artificial en
un vídeo corto, visual y comprensible,
que sustituye la lectura por una
experiencia más accesible: voz sintética
natural, animaciones, ejemplos, gráficos
y un estilo narrativo similar al de los
vídeos virales en redes sociales.

## 3. Algoritmos de Priorización y Evaluación por Grupos Piloto

Dado que la capacidad de exposición diaria está limitada a una hora por usuario, la app no muestra todas las propuestas inmediatamente. En su lugar, emplea un sistema de turnos inteligentes para ir mostrando las propuestas de forma escalonada.

Los algoritmos de la app analizan el interés potencial de cada propuesta en función de diversos factores:

El contenido y su relevancia social
La urgencia del problema que aborda
La evaluación técnica de viabilidad
La reacción de grupos de prueba

Antes de ser mostradas de forma masiva, muchas propuestas son enviadas a pequeños grupos representativos de votantes. Estos grupos visualizan y valoran la propuesta con su voto anticipado. Si una propuesta recibe un alto porcentaje de valoraciones positivas, se considera de alto interés y se prioriza en la cola de publicación. De esta forma, se garantiza que las propuestas más valoradas por la ciudadanía ocupen un lugar preferente en las horas de votación disponibles.

**4. Experiencia Estilo TikTok para Votar**
El usuario entra en la app y accede a su hora de participación. Se le muestran propuestas en formato vídeo, una a una. Puede deslizar para ver la siguiente y votar a favor, en contra o con matices intermedios en una escala de 1 a 5.
El diseño está pensado para que el proceso sea intuitivo, claro y fluido. Cada vídeo dura entre 1 y 3 minutos, según la complejidad de la ley, permitiendo que el votante asimile el contenido sin tener que leer largos textos legales.

**5. Incentivos, Control y Transparencia**
Los ciudadanos que no cumplan con su hora diaria de votación serán advertidos. Tras varias advertencias, pueden perder temporalmente ciertos privilegios no esenciales (como acceso a servicios de ocio o reservas de productos especiales).

Por el contrario, quienes participen activamente pueden tener beneficios, como priorizar sus propuestas, integrarse en comités técnicos o acceder a espacios formativos avanzados. Todos los votos se registran en blockchain para garantizar total transparencia y trazabilidad, sin posibilidad de manipulación.

## 6. Resultados y Retroalimentación

Las decisiones legislativas se procesan automáticamente. Una vez alcanzado el umbral de aprobación requerido, la propuesta se convierte en ley aplicable a nivel local, regional o global, según corresponda. La ciudadanía recibe un resumen semanal de las leyes aprobadas, también en formato vídeo explicativo.

## 7. Conclusión

La app de referéndums transforma la democracia en una actividad diaria, fácil y poderosa. Con solo una hora al día, cualquier persona puede legislar sobre su entorno y su futuro, con una interfaz

atractiva, contenidos claros y mecanismos de inteligencia colectiva. Este modelo no solo elimina la necesidad de partidos políticos, campañas o corrupción; también convierte a cada ciudadano en protagonista activo de la construcción del nuevo mundo.
En Comunismo 2.0, legislar ya no es un privilegio, sino una responsabilidad compartida por todos. Con esta app, la democracia directa se convierte en una realidad tan natural y cotidiana como tomarse un café por la mañana.

## Estimación Global

Si el sistema es adoptado a nivel mundial, es necesario calcular cuántas propuestas debería votar cada persona diariamente.

## Hipótesis

Población mundial: 8.000 millones de personas.
Se estima que cada ciudadano estaría afectado por propuestas a nivel de barrio, ciudad, región, estado y global.
Si cada unidad territorial genera un promedio de 10 propuestas por día:

Barrio: 10
Ciudad: 10
Región: 10
Estado: 10
Global: 10

Total: 50 propuestas por persona y día.
Si cada votación toma 1 minuto, se requerirían aproximadamente **50 minutos diarios** para votar todas las propuestas.

# 4. Posibles Desafíos y Soluciones

## 4.1. Manipulación del Sistema

Se requiere verificación de identidad y herramientas antifraude.
Uso de IA para detectar patrones anómalos en las votaciones.

## 4.2. Desinformación

Implementación de verificadores de hechos y fuentes oficiales.

## 4.3. Falta de Participación

Obligación de votar con incentivos positivos.

Notificaciones diarias y recordatorios automatizados.

## 4.4. Sobrecarga de Votaciones

Un algoritmo podría priorizar las votaciones más relevantes para cada persona.
Implementar "paquetes de votación" para facilitar la decisión en temas similares.

# 5. Conclusión

Este sistema de referéndums constantes permitiría una democracia directa y descentralizada, donde los ciudadanos son los legisladores y los funcionarios simplemente ejecutan las decisiones colectivas. Con el desarrollo adecuado de tecnologías de filtrado, votación y seguridad, se podría implementar de manera realista y eficaz en todos los niveles de gobierno..

En este sistema de democracia directa impulsado por la app de referéndums, las propuestas a votar se distribuyen de forma equitativa entre los distintos niveles territoriales: barrio, pueblo, ciudad, región, estado, continente y ámbito mundial. La app organiza las votaciones de manera que, en cada hora diaria de participación, los ciudadanos visualicen y voten propuestas que abarcan tanto su entorno más cercano como cuestiones de escala global, garantizando así una participación equilibrada y representativa. Esto evita que solo se visibilicen las iniciativas de mayor alcance y permite que las necesidades locales tengan el mismo peso en el proceso legislativo. Además, una vez que una propuesta es aprobada, se activa automáticamente un periodo de derecho a veto que puede ser ejercido desde los territorios más pequeños hacia los más grandes. Es decir, barrios o pueblos pueden vetar la aplicación de ciertas leyes en su ámbito local si así lo decide una mayoría, lo que permite configurar la adopción final de cada ley según los datos de votación y los vetos registrados en cada territorio. De este modo, la legislación se adapta dinámicamente a la voluntad de las comunidades en todos sus niveles, respetando la diversidad y garantizando un equilibrio justo entre lo global y lo local.Red Social para la Veracidad y la Transparencia en Comunismo 2.0

# 1. Propósito de la Red Social

En el sistema **Comunismo 2.0** , los medios de comunicación tradicionales no tienen cabida debido a su capacidad de manipulación de la opinión pública. En su lugar, esta red social garantiza información descentralizada, sin censura ni bots, donde los ciudadanos pueden informarse y verificar la veracidad de las noticias de manera colectiva.

# 2. Características Claves

## 2.1. Registro con Identidad Real

Cada usuario debe registrarse con su **DNI** o documento equivalente. Se prohíen cuentas anónimas, bots y duplicadas.
Un usuario = Una identidad, asegurando transparencia y reduciendo la desinformación organizada.

## 2.2. Publicación con Pruebas de Ubicación y Tiempo

Para subir una noticia o denuncia, el usuario puede incluir **fotos, vídeos y testimonios** .
La aplicación **verifica automáticamente la ubicación y la hora exacta** en la que se tomó la foto o video.
Esto evita que se publiquen imágenes antiguas o manipuladas fuera de contexto.

## 2.3. Verificación Comunitaria de Noticias

Cada publicación es evaluada por la comunidad, quienes pueden calificarla como:

**Real** ✓

**Bulo (Fake News)** ✕

**Dudosa** ⚠☐

El porcentaje de veracidad se basa en la cantidad de usuarios que han confirmado haber estado en el lugar y la hora del suceso.

Los usuarios con **mejor historial de verificación** tendrán mayor peso en sus votos de credibilidad.

## 2.4. Sistema de Reputación del Usuario

Cada usuario tiene un **nivel de confianza**, basado en su historial de publicaciones y verificaciones.

Si alguien difunde repetidamente información falsa, su nivel de reputación baja y sus futuras publicaciones serán revisadas con más rigor antes de alcanzar amplia visibilidad.

# 3. Beneficios de Esta Red Social

☑ **Evita la manipulación mediática:** Al eliminar medios de comunicación tradicionales, la información es descentralizada y controlada por la propia comunidad.

☑ **Fomenta la democracia directa:** La gente se informa sin intermediarios y con pruebas verificadas, lo que fortalece la toma de decisiones en la app de referéndums.

☑ **Reducción de Fake News:** Gracias a la verificación geolocalizada y comunitaria, se minimiza la desinformación.

☑ **Información local confiable:** Las personas pueden saber lo que ocurre en su barrio con información de quienes realmente estuvieron ahí.

✅ **Sistema de reputación confiable:** Evita la proliferación de cuentas que manipulen la verdad.

# 4. Desafíos y Posibles Problemas

✖ **Resistencia inicial:** La gente está acostumbrada a medios tradicionales y redes con anonimato. Implementar un sistema basado en identidad real podría generar rechazo al principio.

✖ **Privacidad:** La geolocalización ayuda a la veracidad, pero puede generar preocupaciones sobre la privacidad. Se deben establecer límites sobre qué información se muestra públicamente.

✖ **Ataques coordinados:** Grupos organizados podrían intentar manipular la veracidad de noticias con votos masivos. Por ello, el sistema de reputación debe equilibrar la influencia de los usuarios más confiables.

**✗ Interferencia tecnológica:** Se necesitaría una infraestructura digital robusta y una IA avanzada para detectar intentos de manipulación de información.

---

## Organización del Trabajo en el Comunismo 2.0

El modelo laboral del Comunismo 2.0 busca garantizar que todas las personas tengan acceso a un empleo digno, que ningún sector esencial quede desatendido y que el trabajo sea equitativo, eficiente y compatible con la calidad de vida. Para ello, se establecerían nuevas formas de organización del empleo basadas en la redistribución del trabajo, la rotación de tareas y el reconocimiento de las profesiones esenciales.

---

## 1. Creación del Organismo de Gestión Laboral (OGL)

Cada territorio contaría con un Organismo de Gestión Laboral (OGL), encargado de administrar el empleo y garantizar que las necesidades laborales sean cubiertas de manera justa y eficiente.

Las funciones del OGL incluirían:

Asignar empleos a cada ciudadano según su formación, experiencia e intereses.

Regular la movilidad laboral para que quienes deseen cambiar de puesto puedan hacerlo mediante un sistema de sorteo cada cierto tiempo (por ejemplo, cada 3 años).

Distribuir equitativamente el trabajo en sectores esenciales, evitando la sobrecarga de ciertos trabajadores.

Coordinar programas de formación y aprendizaje de oficios para asegurar la continuidad de profesiones esenciales.

## 2. Sectores Estratégicos: Trabajo Rotativo y Participación Colectiva

Algunos sectores de trabajo son fundamentales para la sociedad y deben mantenerse con una carga de trabajo equitativa. Para ello, se implementaría un sistema de rotación laboral, en el que toda la población participe de forma obligatoria en ciertas actividades esenciales durante un tiempo mínimo al año.

Agricultura, ganadería y pesca
Cada persona trabajaría en estos sectores una semana al año, asegurando que las necesidades alimentarias sean cubiertas sin sobreexplotar a un solo grupo de trabajadores.
Se promovería el uso de tecnología y automatización para reducir el esfuerzo físico y mejorar la productividad.

Construcción y reformas
La vivienda es un derecho, por lo que la construcción y el mantenimiento de infraestructuras deben estar asegurados.

Todas las personas participarían en tareas de mantenimiento y reforma en su comunidad al menos una vez al año, garantizando que los espacios públicos y viviendas sean adecuados para todos.

Se establecerían brigadas comunitarias de mantenimiento, formadas por trabajadores especializados y ciudadanos en rotación.

Sanidad, educación y cuidados
Se fomentaría que todas las personas dediquen un tiempo al año al cuidado de niños, ancianos o personas con necesidades especiales, promoviendo una sociedad más empática y solidaria.

# Distribución Global Equitativa mediante IA: Plan de Seguridad para Prevenir Hurtos y Desvíos

## Resumen Ejecutivo

Este documento propone un marco integral centrado en la tecnología para garantizar que cada bien producido en la Tierra se distribuya de forma justa, sin posibilidad de desvío, robo o aprovechamiento indebido por parte de quienes están en contacto con los bienes.

Se describen salvaguardas múltiples, desde registros inmutables, sensores inteligentes, detección de anomalías mediante IA, hasta gobernanza legal participativa, para asegurar que "lo que se produce para todos, lo recibe cada uno".

## 1. Modelo de Amenaza y Desafíos

Incluso en una sociedad sin dinero, las personas en contacto directo con bienes —trabajadores agrícolas, personal logístico, funcionarios de aduanas—

podrían intentar apropiarse de productos. Principales amenazas:

Apropiación física directa (retirar productos sin autorización)
Manipulación digital de datos de inventario o producción
Fraude colusivo (varios actores alteran el sistema)
Manipulación logística (desvío de rutas o entregas)

El sistema debe cerrar todas estas brechas sin sacrificar eficiencia, privacidad ni dignidad humana.

## 2. Visión General de la Arquitectura del Sistema

La plataforma central, llamada IA de Asignación Universal (IA-AU), se sustenta en seis pilares de seguridad:

Registro inmutable: una cadena de bloques eficiente y autorizada registra en tiempo real cada unidad producida, transportada y consumida.

Malla de sensores confiables: cada planta, vehículo y almacén cuenta con dispositivos IoT a prueba de manipulaciones (sensores de peso, escáneres QR/NFC, cámaras con IA) que envían eventos verificados directamente a la cadena.

Identidad y roles con pruebas de conocimiento cero: cada trabajador usa credenciales cifradas que solo revelan permisos por rol, protegiendo datos personales.

Capa de detección de anomalías por IA: una red neuronal auto-supervisada modela el flujo esperado de bienes. Cualquier desviación activa respuestas proporcionales, desde alertas hasta bloqueos físicos inmediatos y auditorías automatizadas.

Protocolos de control multiparte: las transferencias críticas requieren aprobación conjunta de varios actores independientes (trabajador, auditor ciudadano, supervisor IA). Gobernanza participativa y sanciones: toda la ciudadanía legisla mediante la app de referéndums sobre los niveles de sanción, codificados como contratos inteligentes aplicables por el sistema, siguiendo principios de justicia restaurativa.

Estos seis pilares forman una "Superficie Cero de Robo".

## 3. Flujo de Trabajo Antirrobo Paso a Paso

Evento de producción

La máquina o supervisor escanea cada lote; el nodo IoT firma un hash de producción. La IA-AU asigna cuotas provisionales a nivel mundial.

Envasado y sellado

Los productos se sellan en unidades con candados RFID a prueba de manipulaciones.
El ID del sello y el peso se registran en la cadena de bloques.

Transporte y telemetría

Los vehículos transmiten en tiempo real GPS, peso, temperatura y estado de puertas.
Cualquier desviación activa alertas amarillas o rojas.

Llegada al centro local

Un auditor ciudadano (rotativo) escanea el sello; el hash debe coincidir con el del registro.

Si no coincide, las compuertas de acceso no se abren.

Entrega individual o domiciliaria

La persona usa su cuota digital para retirar productos.
El evento de consumo cierra el ciclo de trazabilidad.

Reconciliación diaria

La IA compara producción, consumo y reservas.
Cualquier discrepancia superior al 0,01 % activa rutas de auditoría inmediata.

## 4. Controles de Seguridad en Profundidad

Seguridad física: robótica para productos de alto valor, drones aleatorios, taquillas inteligentes.

Seguridad digital: firmas post-cuánticas, llaves fuera de línea, pruebas de penetración constantes.
Seguridad operacional: descansos forzosos para personal clave (para detectar fraudes), recompensas a denunciantes en forma de reputación digital.
Protección humana: rotación de tareas, apoyo psicológico y transparencia para reducir tentaciones.

## 5. Gobernanza Mediante Referéndum Continuo

La app de referéndums se integra con los contratos inteligentes de la IA-AU. Sus funciones incluyen:

Propuestas legislativas: cualquier persona puede proponer penas.
Filtro de relevancia: la IA filtra lo viable antes de votar.
Votación cuadrática: evita la tiranía de la mayoría.

Cláusulas de caducidad: cada ley expira si no se renueva, promoviendo adaptación.

Ejemplo de escalera de sanciones (aprobada en junio de 2025):

| Nivel | Infracción | Respuesta principal | Acción restaurativa | Revisión |
|---|---|---|---|---|
| 0 | Error involuntario | Corrección automática | Ninguna | Inmediata |
| 1 | Desvío menor (< 20 €) | Bloqueo de 30 días | 10 h de servicio comunitario | 60 días |
| 2 | Desvío mediano o colusión | Bloqueo de 6 meses + | 100 h de servicio | Anual |

| | | | reeducación | |
| 3 | Robo masivo o reincidencia | Bloqueo multianual + reasignación | Revisión por jurado ciudadano | Bienal |

## 6. Cumplimiento y Auditoría

Puertos abiertos de datos: cualquier ciudadano u ONG puede auditar el sistema de forma independiente. Auditoría de IA a IA: modelos secundarios revisan el comportamiento de la IA principal. Cultura de cero confianza: toda transacción es verificada, nada se da por supuesto.

## 7. Hoja de Ruta para Implementación

Fase 0 (3T 2025): prueba piloto en una región con 2 millones de

personas y tres líneas de productos
(grano, leche, datos móviles).
Fase 1 (2026): conexión entre
regiones vecinas; despliegue de
transporte automatizado.
Fase 2 (2027-2028): federación
global, integración con panel de
recursos planetarios y eliminación
progresiva del dinero.

Todas las fases incluyen asambleas
ciudadanas trimestrales y publicación
abierta de métricas.

## 8. Conclusión

Un mundo donde los bienes se
comparten equitativamente necesita
mecanismos de seguridad tan avanzados
como la inteligencia artificial que los
asigna.
Combinando garantías criptográficas,
verificación por sensores, gobernanza
transparente y sanciones humanas y
proporcionales, la IA de Asignación
Universal puede alcanzar un nivel casi
cero de robo, asegurando que cada

manzana, cada dosis de vacuna o cada gigabyte llegue a las manos que realmente lo necesitan.

## 9. Incentivos y Formación para los Oficios

Para garantizar la continuidad de los oficios esenciales, el sistema fomentaría el aprendizaje y la transmisión de conocimientos mediante:

Becas y recompensas para los jóvenes que decidan aprender oficios como construcción, carpintería, fontanería, electricidad, pesca, ganadería o agricultura. Reconocimiento especial a los maestros artesanos y profesionales que enseñen a nuevas generaciones.
Creación de escuelas de oficios y programas de formación práctica.

## 10. Equilibrio entre Trabajo y Calidad de Vida

El modelo laboral en el Comunismo 2.0 no solo debe garantizar la producción, sino también el bienestar de las personas. Para ello, se establecerían medidas como:

Reducción de la jornada laboral, aprovechando la tecnología y la automatización.

Trabajo híbrido y flexible, permitiendo alternar entre diferentes sectores y adaptarse a las necesidades individuales.

Eliminación de la precariedad laboral, asegurando que cada persona tenga un trabajo estable, con acceso a vivienda, salud y educación.

Autogestión y cogestión en las empresas y cooperativas, eliminando jerarquías innecesarias y fomentando la participación democrática en la toma de decisiones.

## Equilibrio Dinámico entre Producción, Demanda y Calidad de Vida

El objetivo final del sistema laboral del Comunismo 2.0 es alcanzar un equilibrio real entre lo que la sociedad produce, lo que verdaderamente necesita y la cantidad de tiempo libre que cada persona puede disfrutar. Para lograrlo, el modelo introduce cinco mecanismos complementarios:

### Elección Colectiva Mediante Votación Constante

La ciudadanía vota de forma periódica —a través de la plataforma de referéndums del Comunismo 2.0— qué bienes y servicios desea disfrutar durante el próximo ciclo (trimestre, semestre, año, etc.). Cada propuesta irá acompañada del coste laboral que implica, traducido en horas de trabajo adicionales.

Ejemplo: "Si añadimos dos modelos nuevos de móviles y lanzamientos semanales de ropa, el tiempo medio de trabajo aumentaría en 2 horas al día."

Al hacer explícito el coste en tiempo de vida, la sociedad decide de forma consciente si ese nivel de consumo vale la pena.

Renuncia Individual a Bienes y Reducción de Carga Laboral

Las personas podrán renunciar voluntariamente a ciertos productos, servicios o privilegios considerados no esenciales.

Estas renuncias se registran en su perfil ciudadano y reducen directamente sus horas de trabajo requeridas.

Este sistema está conectado con una IA de reparto equitativo, que recalcula continuamente el esfuerzo colectivo necesario, adaptándolo a las decisiones de consumo de cada individuo.

Límite importante: nadie podrá renunciar por debajo de un umbral mínimo de bienestar. Todos los ciudadanos tendrán garantizada una vida digna, con acceso a vivienda, alimentación saludable, atención médica, educación, conexión digital básica, transporte y cultura esenciales.

Planificación Adaptativa Basada en Algoritmos

El Organismo de Gestión Laboral (OGL) integra tanto las decisiones colectivas como las individuales, junto con datos reales de producción y consumo.

Sistemas de planificación apoyados por inteligencia artificial ajustan turnos, recursos y formaciones de manera dinámica, garantizando que la oferta laboral cubra la demanda con el menor impacto en el tiempo libre de la población.

El modelo se ajusta de forma iterativa, permitiendo corregir desviaciones o adaptar nuevas preferencias sin desequilibrios.

Eliminación de la Obsolescencia Programada

Todos los productos deberán cumplir criterios estrictos de durabilidad, reparación y mejora modular.

Equipos mixtos de ciudadanía e ingeniería auditarán estos estándares. Los productos que no los cumplan serán rediseñados o eliminados.

Esto reduce la necesidad de producir constantemente bienes nuevos, liberando millones de horas de trabajo que pueden reconvertirse en tiempo libre o dedicarse a tareas de mayor valor humano.

Dividendo de Tiempo Libre y Elasticidad Histórica

Cuando la tecnología, la eficiencia o la sobriedad elegida colectivamente lo permiten, la jornada laboral base se reduce automáticamente, entregando un "dividendo de tiempo libre".

En momentos extraordinarios (crisis climáticas, desastres naturales, cambios civilizatorios), el sistema puede ajustarse de forma temporal, siempre respetando los derechos fundamentales y garantizando el bienestar mínimo común.

Así, el modelo laboral evoluciona con la historia, adaptándose a los desafíos y avances de cada época.

Este conjunto de mecanismos crea un ecosistema económico consciente, flexible y justo, donde el valor del tiempo, la sostenibilidad y la libertad personal están por encima del consumo compulsivo. La vida se coloca en el centro, y el trabajo se convierte en un medio equilibrado y compartido para sostenerla con dignidad y alegría.

**Conclusión**

Este sistema de organización laboral garantiza que todas las personas contribuyan al bienestar colectivo, que ningún sector fundamental quede desatendido y que el trabajo sea justo, equitativo y compatible con una vida digna.

Redistribución del trabajo: Nadie está sobrecargado y todos contribuyen.
Participación colectiva en sectores esenciales: Agricultura, construcción, sanidad, educación, etc.
Formación y reconocimiento de los oficios: Incentivos para jóvenes y maestros.
Mejor calidad de vida: Reducción de jornadas y acceso garantizado a necesidades básicas.

Con este modelo, el Comunismo 2.0 construye una sociedad donde el trabajo deja de ser una fuente de explotación y se convierte en una actividad sostenible, justa y gratificante para todos.

**Innovación en las Empresas de Producción del Sistema, en las Universidades y Ámbitos Científicos**

En el modelo de Comunismo 2.0, la innovación no es un lujo ni una opción, sino un pilar fundamental para el progreso continuo de la sociedad. Para garantizar un desarrollo sostenible y armónico, se deben proporcionar los recursos materiales y humanos necesarios a todos los departamentos encargados de la investigación y la producción. Esto incluye tanto a las empresas del sistema como a las universidades y centros de investigación científica.

## Empresas de Producción del Sistema

Las empresas de producción dentro del sistema deben estar orientadas a la mejora continua de bienes y servicios. En lugar de perseguir el lucro, su objetivo será la eficiencia, la sostenibilidad y el bienestar de la humanidad. Para ello, contarán con equipos de innovación dedicados al desarrollo de tecnologías que reduzcan el impacto ambiental y optimicen el uso de los recursos naturales.

Se incentivará la colaboración entre distintos sectores para compartir avances tecnológicos y mejorar procesos de manufactura, eliminando el concepto de "competencia" en favor de un modelo cooperativo donde el conocimiento sea de libre acceso para el beneficio de toda la comunidad.

## Universidades y Centros de Investigación

Las universidades, como espacios de conocimiento y formación, jugarán un papel crucial en la generación de nuevas ideas. La investigación estará enfocada en la mejora de la calidad de vida de las personas, la preservación del medio ambiente y la comprensión profunda de la psicología humana. Se garantizará el acceso a infraestructura de vanguardia y se fomentará la colaboración internacional, eliminando barreras burocráticas que limiten el avance del conocimiento.

El sistema educativo se centrará en fomentar el pensamiento crítico, la creatividad y la resolución de problemas, permitiendo a los estudiantes y científicos explorar ideas innovadoras sin la presión de intereses comerciales o políticos.

## Ciencia y Psicología Humana

Toda innovación en el sistema deberá cumplir con una premisa fundamental: debe ser positiva para las personas, la naturaleza y la psicología humana. Esto significa que se evaluará el impacto de cada avance tecnológico y científico en la salud mental, la cohesión social y el equilibrio ecológico.

La investigación en neurociencia, sociología y bienestar psicológico será prioritaria, con el objetivo de entender cómo optimizar la organización social y garantizar que la tecnología sea una herramienta para la felicidad y la realización personal, y no una fuente de alienación o control.

Toda innovación que cumpla estos tres requisitos también podrá ser demandada o repudiada por el resto de la sociedad una vez se implemente. Para ello, se establecerá un sistema informático que valore constantemente la aceptación de esta innovación por parte de la sociedad. Si una innovación genera un rechazo de más del 70%, será retirada del sistema.

Artículo de Reflexión: Producción, disfrute y el fin de la carrera por el dinero

La eliminación del dinero en el marco del Comunismo□2.0 no pretende desencadenar una nueva carrera por acumular bienes. Al contrario, rompe con la lógica de la acumulación que ha marcado tanto al capitalismo como a los antiguos comunismos. El objetivo es construir una vida equilibrada para todas las personas, donde producción y disfrute sean dos derechos inseparables.

El fin de la carrera ciega
Cuando el valor se mide en tiempo de vida y bienestar colectivo, la obsesión por "tener más" pierde sentido. Solo se produce más cuando la comunidad, mediante votación, decide que realmente lo necesita y acepta el esfuerzo extra que implica. Quien prefiera más ocio puede renunciar a bienes no esenciales y reducir sus horas de trabajo. El tiempo, no la posesión, se convierte en la nueva riqueza.
Disfrute para todos, no solo para los ricos
En las economías de mercado, la

abundancia de unos pocos suele suponer escasez para muchos. Garantizando primero las necesidades básicas —alimentación sana, vivienda, salud, educación, conexión digital, transporte y cultura— se elimina el miedo a la carencia que empuja a trabajar sin descanso. Solo después de asegurar ese bienestar mínimo, la sociedad decide si quiere producir "más". Si algún bien de lujo llega a producirse, debe estar disponible para todos; la exclusividad es incompatible con la dignidad colectiva.

Inteligencia —humana y artificial— al servicio del bien común

La inteligencia artificial, la robótica y los algoritmos avanzados se aplican para liberar al ser humano del trabajo duro, no para maximizar la rentabilidad privada. Pero el sistema también moviliza la inteligencia humana de forma deliberada:

Los mejores talentos reciben una educación de excelencia y, tras ella, se dedican a proponer, investigar y desarrollar proyectos que mejoren la calidad de vida en todas sus dimensiones.

Todos sus descubrimientos y avances se comparten inmediatamente por la red social pública y se someten a la aplicación de referendos para su validación y posible legislación.

El mayor reconocimiento y motivación para estas grandes mentes es ver sus ideas implementadas y comprobar cómo elevan el bienestar general, no acumular dinero para ellos mismos o para un jefe.

Los sistemas de planificación son abiertos y auditables; cualquier innovación se evalúa por su capacidad de reducir tiempo de trabajo necesario, disminuir la huella ecológica y fortalecer la cohesión social. Patentes y secretos comerciales se sustituyen por redes de diseño colaborativo que liberan el conocimiento para toda la humanidad.

Una necesidad global

Los antiguos comunismos fracasaron, en parte, porque intentaron subsistir dentro de un mundo dominado por el capitalismo. Competencia externa, escasez interna y élites privilegiadas convirtieron revoluciones en regímenes autoritarios. Comunismo 2.0 parte de una lección clave: ningún país puede aislarse de la economía, el comercio o la información global. La transformación debe ser planetaria, sustituyendo la competencia entre naciones por planificación coordinada y ayuda mutua para evitar la explotación mediante salarios bajos o dumping ambiental.

Liderazgos sin privilegios
Todos los cargos son rotativos, revocables e ingresos-neutros. Quienes toman decisiones viven bajo las mismas condiciones que el resto. No pueden acumular propiedades ni perpetuarse en el poder. Esta humildad estructural, reforzada por un control ciudadano transparente, impide la formación de una nueva clase dominante y garantiza que gobernar signifique servir, no dominar.

Solo si se abandona la antigua carrera por el dinero, se pone toda la inteligencia —humana y artificial— al servicio del bien común y se adopta una perspectiva verdaderamente global, la humanidad logrará un equilibrio justo entre producir y vivir. Comunismo☐2.0 no es un regreso al pasado, sino un paso adelante hacia una civilización donde el tiempo libre, creativo y compartido sea el bien más valioso para todos.

Conclusión

En Comunismo 2.0, la innovación no será un privilegio de unos pocos, sino un derecho y una responsabilidad compartida. Al proporcionar los recursos necesarios y fomentar un entorno de cooperación, creatividad y responsabilidad social, la humanidad podrá avanzar de manera sostenible, equilibrada y en armonía con el entorno.

# Camino Real hacia el Comunismo 2.0

## Introducción: una transición inevitable y colaborativa

El mundo se enfrenta a un punto de inflexión histórico. Las tensiones sociales, económicas, ecológicas y tecnológicas exigen un nuevo paradigma que garantice estabilidad, paz y bienestar para todos los seres humanos. El **Comunismo 2.0** no es una utopía ni una imposición ideológica, sino una evolución necesaria: una forma de organización social donde la cooperación y la inteligencia colectiva reemplazan la competencia destructiva y la desigualdad estructural.

Este nuevo sistema **no se impone, se construye**. Y para ello, requiere de la colaboración consciente de tres grandes pilares: la élite global, la población mundial y un equipo internacional de desarrollo que guíe esta transición por fases y adaptada a cada territorio.

---

## 1. La élite capitalista global como aliada estratégica

La élite actual, lejos de ser enemiga, debe ser reconocida como **pieza clave en el proceso**. Son los custodios de la infraestructura económica, tecnológica y mediática del mundo. Sin su participación o, al menos, sin su neutralización, no es posible una transformación real y pacífica.

Para lograr su implicación, hay que mostrarles que el Comunismo 2.0 **no es una amenaza para su bienestar, sino la única garantía real de sostenibilidad, seguridad y legado**. La élite debe comprender que:

En un mundo inestable, su poder está en riesgo constante.

Si el entorno colapsa, ellos también colapsarán.

El sistema propuesto preserva el valor del talento, la innovación y la riqueza, pero redistribuye los privilegios que hoy generan conflicto y resentimiento global.

Su implicación puede asegurarles un rol histórico como **guardianes del nuevo renacer humano**, dejando una huella digna en la historia.

# 2. Concienciación y formación de la población mundial

La población mundial ha sido moldeada por décadas de individualismo, miedo e ignorancia inducida. Para dar el salto al Comunismo 2.0, es necesario activar su conciencia colectiva dormida. Esto se logra mediante:

> **Educación masiva** sobre valores humanos, economía colaborativa, tecnologías sociales y pensamiento crítico.
>
> **Narrativas inspiradoras** que conecten emocionalmente con la visión del nuevo sistema.
>
> **Acciones piloto visibles y exitosas** que demuestren que el sistema funciona a pequeña escala (barrios, municipios, países pequeños).

La población debe **sentir que gana algo inmediato y tangible** : seguridad, sentido de pertenencia, voz real en las decisiones y calidad de vida. La gente no debe "sacrificarse" por el bien común, sino descubrir que **el bien común también es su mayor beneficio individual** .

---

## 3. Rediseño progresivo del contenido de Internet

Internet es hoy el sistema nervioso del planeta. Para que el Comunismo 2.0 sea posible, **el contenido digital debe transformarse lentamente** , sin censura impuesta, sino mediante una estrategia de sustitución progresiva:

Reemplazar el contenido basado en el miedo, el consumo y la violencia, por contenido enfocado en

soluciones, cooperación, bienestar y pensamiento sistémico.
Priorizar algoritmos que favorezcan la conciencia, el diálogo, la empatía y la verdad verificable.
Crear una red de creadores, influencers y medios comprometidos con los valores del nuevo sistema.
Usar IA avanzada para generar y distribuir contenidos educativos, inspiradores y empáticos a escala masiva.

Esta transformación se hará por capas, empezando por las plataformas más influyentes y en colaboración con desarrolladores y tecnólogos alineados con el cambio.

# 4. Equipo mundial de desarrollo por fases y territorios

Un **Comité Mundial de Transición** compuesto por expertos en tecnología, sociología, economía, psicología y sostenibilidad será el núcleo operativo. Su función será:

Diseñar un **plan de implementación territorial** escalonado por capacidad de adaptación.
Supervisar proyectos piloto y garantizar su replicabilidad.
Crear herramientas digitales para facilitar la participación ciudadana y la gobernanza distribuida.
Coordinar con gobiernos locales y redes civiles para escalar el modelo de forma ordenada.

**Las fases territoriales** podrían ser:

**Fase 1: Territorios altamente estables y tecnológicos** (Suiza, Países Nórdicos, Nueva Zelanda).
**Fase 2: Ciudades inteligentes en países con instituciones funcionales** .
**Fase 3: Territorios vulnerables con apoyo internacional y enfoque de desarrollo integral** .

Cada fase generará experiencia, confianza y contagio cultural.

---

# 5. Los cinco valores fundamentales del Comunismo 2.0

Estos cinco valores no se imponen; se siembran, se viven y se demuestran con hechos:

**Interconexión humana real** : Todos somos parte de un mismo organismo social. Cuidar al otro es cuidarnos a nosotros mismos.

**Seguridad garantizada para todos** : Nadie debe temer perder su hogar, alimento, salud o futuro.

**Participación directa y constante** : Cada persona tiene poder real de decisión. La democracia es diaria y digital.

**Crecimiento espiritual y emocional** : El sentido de la vida no es producir ni consumir, sino evolucionar, aprender y disfrutar en armonía.

**Tecnología al servicio del bienestar colectivo** : La inteligencia artificial, la automatización y la ciencia no son fines, sino herramientas para liberar al ser humano del sufrimiento innecesario.

# Conclusión: la revolución consciente y silenciosa

El paso al Comunismo 2.0 no será una guerra ni una imposición. Será una transición serena, lógica y deseada. No se trata de destruir el pasado, sino de **usar lo mejor del presente para construir el futuro** .
La humanidad tiene todo lo necesario: recursos, tecnología, conocimiento y ahora también una visión clara.
Solo falta una decisión colectiva: **dejar de sobrevivir para empezar a vivir.**

---

**Carta Magna Mundial para la Constitución del Comunismo 2.0, para la Equidad, Desarrollo y Sostenibilidad**
**Preámbulo:**
Nosotros, los pueblos del mundo, reconociendo la urgencia de garantizar la supervivencia de la humanidad y la

preservación del medio ambiente, afirmamos el compromiso de crear un futuro estable, equitativo y sostenible. En virtud de este compromiso, establecemos la presente Carta Magna como la base para un sistema global que promueva la justicia social, el desarrollo económico equitativo, la reducción de la población de manera controlada y la eliminación de las desigualdades, fundamentado en principios de paz, colaboración internacional y respeto por todos los seres humanos y el planeta.

**Artículo 1: Compromiso con el Desarrollo Global y la Equidad**

1.1 Los países desarrollados se comprometen a proporcionar los medios, recursos y tecnología necesarios para el desarrollo de los países subdesarrollados, garantizando un acceso igualitario a la educación, la salud, la vivienda, el agua potable y la seguridad alimentaria.

1.2 Se implementarán programas internacionales conjuntos que promuevan la transferencia de conocimiento y tecnología, a fin de reducir las disparidades económicas y sociales entre las naciones.

1.3 Se fomentará una cooperación internacional activa en la investigación científica y en el desarrollo de tecnologías limpias que no agoten los recursos naturales, promoviendo el uso sostenible de la biodiversidad y el medio ambiente.

## Artículo 2: Control Responsable de la Natalidad

2.1 Con el fin de garantizar la sostenibilidad a largo plazo del planeta y evitar el colapso de los ecosistemas, se establecerán políticas mundiales de control natal, promoviendo el uso de métodos anticonceptivos, el acceso al aborto legal y seguro, y la implementación de limitaciones de natalidad por ley, con el objetivo de reducir de forma gradual la población mundial.

2.2 Cada país establecerá un sistema voluntario de control de natalidad, con incentivos para aquellos que elijan participar, respetando los derechos reproductivos de todos los individuos.

2.3 Las políticas de natalidad estarán fundamentadas en la educación y la conciencia sobre los impactos del crecimiento poblacional, apoyadas por campañas de sensibilización global y acceso gratuito a la salud reproductiva.

**Artículo 3: Eliminar el Dinero y Establecer la Distribución Equitativa de la Riqueza**

3.1 Se eliminará el sistema monetario tal como lo conocemos, sustituyéndolo por un sistema informático global basado en la inteligencia artificial que distribuya todos los recursos y bienes de consumo a partes iguales entre la población mundial, respetando los límites de producción y el consumo sostenible.

3.2 Este sistema garantizará que todos los individuos reciban lo necesario para vivir con dignidad, sin que exista la acumulación de riqueza por parte de unos pocos, sino que la distribución se realice de manera equitativa y transparente.

3.3 La producción será gestionada globalmente mediante algoritmos que determinen las necesidades de consumo, priorizando la producción local y reduciendo la obsolescencia programada. El sistema garantizará la durabilidad de los productos y un consumo responsable.

**Artículo 4: Democracia Directa Global mediante Referéndums Constantes**

4.1 Se implementará una aplicación global de referéndums que permitirá a los ciudadanos de todos los países proponer y votar leyes de manera directa, eliminando la necesidad de intermediarios políticos. Las decisiones aprobadas por la mayoría serán ejecutadas por funcionarios públicos, quienes serán los encargados de implementar las decisiones del pueblo.

4.2 Las propuestas serán filtradas y priorizadas en función de su relevancia y el consenso alcanzado en la sociedad. Los ciudadanos podrán participar activamente en la legislación de su comunidad, ciudad, estado, región y a nivel mundial.

4.3 Los ciudadanos de comunidades más pequeñas tendrán el derecho al veto sobre decisiones tomadas en ámbitos más amplios, como los niveles estatales, continentales o mundiales, en aquellos casos que consideren que afectan negativamente sus intereses o valores locales.

## Artículo 5: Uso Responsable de la Tecnología y los Recursos

5.1 Se promoverá el desarrollo de tecnologías avanzadas, como los robots humanoides, para la asistencia en el cuidado de ancianos y otras necesidades humanas, con el objetivo de aliviar el trabajo físico y permitir una mayor calidad de vida a todas las personas, especialmente a los más vulnerables.

5.2 Las tecnologías serán utilizadas para el beneficio colectivo, sin fines lucrativos, y se priorizará la creación de un entorno que permita la paz, la seguridad y la justicia social para todos.

**Artículo 6: Estabilidad Global y Paz Duradera**

6.1 El sistema global propuesto garantizará una estabilidad económica, social y política que evitará las guerras y los conflictos internacionales, garantizando la paz y el respeto mutuo entre las naciones.

6.2 El sistema erradicará las divisiones entre los pueblos y fomentará la cooperación internacional en todos los ámbitos, desde la educación hasta la economía, pasando por la cultura y el medio ambiente.

**Artículo 7: Respeto por el Medio Ambiente**

7.1 Todos los países se comprometen a reducir su huella ecológica y a trabajar en conjunto para preservar los ecosistemas planetarios, adoptando prácticas sostenibles que aseguren la supervivencia de las generaciones futuras.

7.2 Se implementarán políticas globales que favorezcan la energía limpia y la economía circular, eliminando el uso de combustibles fósiles y reduciendo el impacto ambiental de la producción industrial.

## Artículo 8: Eliminación de la Desigualdad y la Corrupción

8.1 Se implementarán medidas para erradicar la pobreza extrema y garantizar una distribución equitativa de los recursos en todas las naciones.

8.2 Se establecerán mecanismos globales para combatir la corrupción, asegurando que los funcionarios públicos trabajen para el bien común y no para intereses particulares.

## Artículo 9: Transición a un Mundo Nuevo

9.1 Los países se comprometen a trabajar en una transición gradual hacia este sistema, implementando las medidas necesarias para asegurar una adaptación progresiva que respete los derechos de todos los ciudadanos.

9.2 Se establecerán periodos de adaptación a las nuevas tecnologías y sistemas económicos, garantizando que todos los sectores de la sociedad se beneficien de la transición.

9.3 Se fomentará la educación global en valores de cooperación, sostenibilidad y equidad, para garantizar que las futuras generaciones vivan en un mundo más justo, pacífico y sostenible.

**Firma y Ratificación:**

Esta Carta Magna será firmada por todos los países del mundo, quienes se comprometen a cumplir con los principios establecidos en ella y a trabajar en conjunto para garantizar su implementación efectiva. El compromiso de todos los pueblos es esencial para la construcción de un futuro común basado en la equidad, la sostenibilidad y la paz.

**Conclusión:**

Con la firma de esta Carta Magna, los pueblos del mundo se comprometen a construir un sistema global que respete los derechos humanos, garantice el bienestar de todos los individuos y preserve nuestro planeta para las generaciones futuras. Este es un compromiso para la justicia, la equidad y la supervivencia de la humanidad en armonía con la naturaleza.